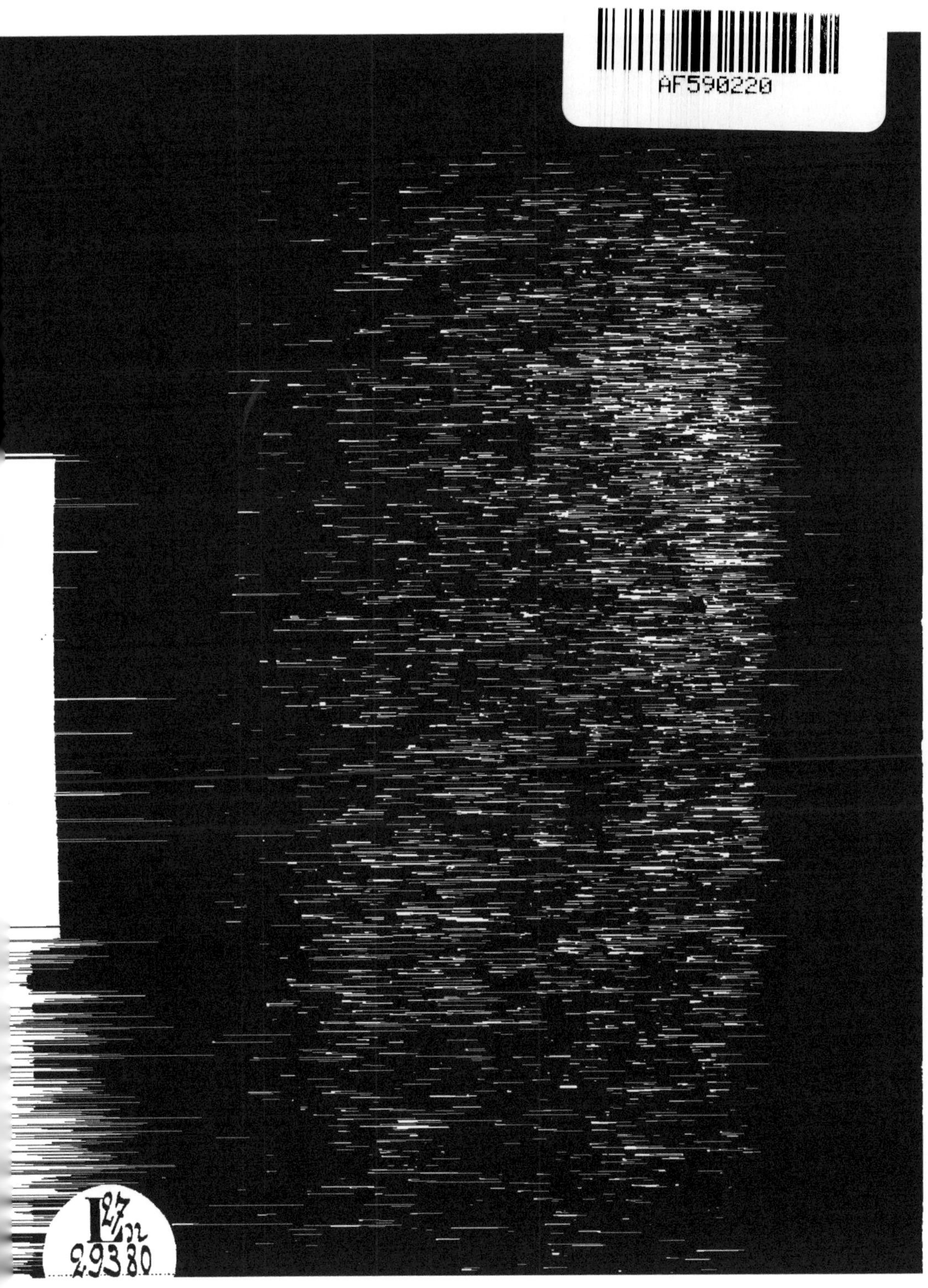

# EMILE ALAMAGNY

LES HOMMES DE BIEN PASSENT VITE.

# EMILE ALAMAGNY

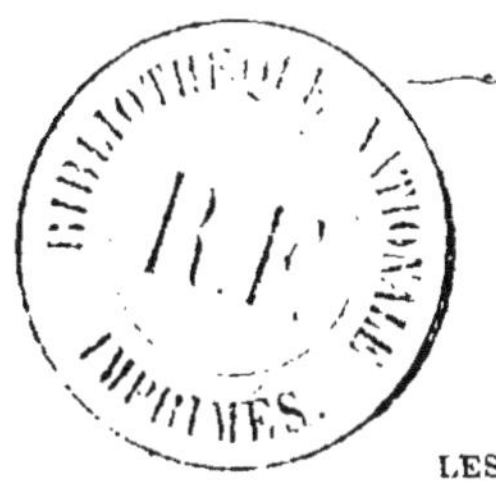


LES HOMMES DE BIEN PASSENT VITE.

## I

Un deuil récent et doublement douloureux vient de frapper une famille de Saint-Chamond et la cité tout entière. Nous considérons comme un pieux devoir, devant une tombe à peine fermée, de retracer la vie de probité, d'honneur, de travail et de bienfaisance du grand industriel que la mort nous a prématurément enlevé.

Que ces simples lignes, que nous mettons sous les yeux de nos compatriotes, soient une consolation pour les nombreux amis d'Alamagny, un allégement, — s'il se peut, — à la douleur irrémédiable de son épouse, et un salutaire enseignement pour ses jeunes enfants!

Emile Alamagny naquit le 16 juillet 1822, à Saint-Gengoux-le-Royal, département de Saône-et-Loire.

Son père et sa mère vinrent se fixer à Saint-Chamond, vers la fin de 1827, pour y exercer le métier de fabricant de boulons. Le jeune Emile fréquenta, jusqu'en 1835, les classes des Frères de la Doctrine chrétienne. Sa précoce intelligence y fut remarquée, et ses succès scolaires valurent à l'écolier studieux une bourse au collége communal de notre ville. C'est ainsi que l'administration de ce temps encourageait et récompensait les jeunes élèves qui se distinguaient par leur application. Emile sortit du collége, en 1837, pour travailler dans la fabrique de boulons de son père.

En 1840, il entra dans l'industrie des lacets. Il quitta au bout de quelques mois la maison où s'étaient faits ses débuts, pour entrer chez M. J.-B. Tamet, fabricant de lacets, qui le détourna du projet qu'il nourrissait d'aller à Paris pour y faire de la représentation industrielle. Sous la direction ferme et sérieuse de ce fabricant, *primus inter pares*, le jeune employé put développer rapidement ses facultés et devint bientôt pour son chef un collaborateur estimé. Successivement chargé de la haute surveillance de la fabrication et de l'administration intérieure de cette importante maison, il assumait toutes les responsabilités. M. Tamet l'intéressa pour une part dans ses bénéfices. Cette forte éducation commerciale porta ses fruits, et, mûr avant l'âge, Alamagny se sépara de son maître pour contracter, en 1854, une association avec M. Benoît Oriol père, sous la raison sociale : *B^t Oriol et Alamagny*.

M. Benoît Oriol était un mécanicien ingénieux, persévérant, ne poursuivant point les innovations dangereuses. Un sens droit et pratique le mettait en garde contre les utopies. Les améliorations, les perfectionnements apportés aux métiers à lacets et dont notre fabrique locale recueille aujourd'hui le bénéfice, attestent — de l'aveu de tous — la justesse de son coup d'œil et la sûreté de son exécution. Constructeur de métiers et fabricant de lacets, il contribua puissamment à régénérer une industrie qui tendait visiblement à péricliter.

Cette association entre E. Alamagny et B. Oriol, en réunissant si heureusement deux hommes de cœur, désireux et capables de réussir, eut pour effet de donner un développement inouï à notre production locale. L'énumération des articles dont ils furent les créateurs et que la mode, la consommation favorisèrent de leurs préférences, nous entraînerait au-delà des limites que nous nous sommes tracées. Nous aurions à toucher à des questions ou à des détails techniques trop étendus.

Aux noms de MM. E. Alamagny et B. Oriol, il est impossible de ne pas associer celui de M. Edouard Flaxland, leur représentant et dévoué ami.

Sa rare intelligence, sa profonde connaissance des affaires, sa rigide probité furent pour eux de précieux auxiliaires. Il a sa place dans l'historique de la maison, à laquelle l'attachait une ancienne et constante affection qui va se reporter aujourd'hui, plus vive encore, s'il est possible, sur une jeune famille cruellement éprouvée.

Voilà trois hommes que leur destinée avait réunis par un lien que l'on croyait indestructible. Hélas! la mort se joue des joies et des conventions humaines; et, deux fois en une dizaine d'années, elle a rompu et dispersé ce faisceau, frappant Benoît Oriol d'abord, Alamagny ensuite!

L'estime réciproque qui unissait si étroitement les deux associés fut fortifiée — si elle pouvait l'être — par le mariage d'Alamagny avec Mme veuve Delermoy, fille de B. Oriol. Cette union, célébrée le 20 octobre 1864, fut une grande, mais courte joie, pour M. Oriol père, malheureusement atteint d'une douloureuse maladie, qui l'enleva le 26 février 1865, à l'âge de 55 ans. Immense perte pour sa famille et pour le personnel de sa maison! Un véritable deuil public!

Alamagny, resté seul, continua les affaires,

sous la raison de commerce : *Alamagny-Oriol et Cie*. Il y apporta une ardeur et une assiduité qui ont peut-être contribué à avancer l'heure de sa mort. On peut dire qu'il avait la passion de l'industrie des lacets, dont il possédait tous les secrets. Ses études sur le choix et l'emploi des matières textiles lui avaient acquis une grande expérience ; elles lui permettaient de tenter des innovations hardies, toujours couronnées de succès. La création, relativement récente (1867), des tresses Mohair, en est une preuve.

Il tenait au bien-être de ses employés et de son nombreux personnel qu'il stimulait par des gratifications, des primes, des augmentations de salaires, à le servir avec zèle et dévouement. Rien ne coûtait à son cœur : aussi sa manufacture était-elle, par l'ordre qui y régnait, l'objet de l'admiration universelle.

Alamagny ne devait pas rester étranger aux affaires publiques. Ses lumières, son expérience et son intégrité le désignèrent aux choix des électeurs qui l'appelèrent à siéger au Conseil des Prud'hommes (21 avril 1862), où il exerça successivement les fonctions de vice-président (8 juin 1865) et de président (depuis le 13 février 1869 jusqu'en 1872). Il fut membre du Conseil municipal presque sans interruption de 1866 à 1874.

La Caisse d'épargne le compta au nombre de ses directeurs à partir du 22 novembre 1866. Il en fut nommé vice-président le 26 mai 1868.

Depuis la création des Forges et Aciéries de Saint-Etienne, où il avait de grands intérêts, il fit partie du Conseil d'administration de cet important établissement.

A la suite de l'Exposition universelle de 1867, où la perfection des produits de la maison Alamagny-Oriol fut distinguée, la Commission des récompenses lui décerna la grande médaille d'or.

Le 19 juin 1870, la Société de protection des apprentis et des enfants employés dans les manufactures lui décerna une médaille d'honneur.

Il était membre de la Société archéologique de *la Diana*, et fut un des souscripteurs-fondateurs de l'Ecole de commerce de Lyon.

Il faisait partie de la Chambre de commerce de Saint-Etienne.

Alamagny trouvait encore d'autres applications de son activité et de son amour du bien public. Il créa, en 1864, l'Asile Saint-Emile, en mémoire de sa mère qu'il avait perdue cette même année.

Il fut promu, à cette occasion, par le ministre de l'instruction publique, au grade d'officier d'Académie.

En 1873, le village de Saint-Martin-en-Coaillieu fut doté d'un établissement semblable par cet infatigable bienfaiteur.

En septembre 1874, il fit, sous la forme la plus délicate, à l'hospice de Saint-Chamond, l'offrande d'une somme de 100,000 francs. On avait dit, par erreur, que cette somme avait été versée entre les mains de M. de Boissieu, maire de la ville. Il n'en est pas ainsi. Elle avait été simplement déposée dans le tronc où sont reçues les plus modestes offrandes. L'importance du don trahit le donateur. A quelque temps de là, la ville apprit, avec étonnement, qu'il n'était pas nommé administrateur des hospices.

Ce noble cœur n'est pas mort tout entier ; ses œuvres subsistent, elles sont bien vivantes et continueront à vivre. Sa veuve et son beau-frère, M. Benoît Oriol fils, perpétueront, on peut en être sûr, les traditions léguées par notre généreux et regretté compatriote ; ils réaliseront religieusement ses vœux et rempliront ses intentions.

Il nous reste à faire connaître l'homme dans ses sentiments intimes.

Alamagny était religieux, dans le sens propre du mot, c'est-à-dire profondément chrétien. Sa charité était sans bornes et sa main inépuisable toujours ouverte aux malheureux, quels qu'ils fussent. Il faudrait citer toutes les souscriptions qui ont été ouvertes, toutes les quêtes qui ont été faites, pour donner une idée des sommes qu'il consacrait aux infortunes de toutes sortes. Combien aussi de misères ne soulageait-il pas par le ministère discret de nos pasteurs ! Et combien de pauvres familles ont ignoré quel était leur bienfaiteur ! En vrai chrétien, il faisait le bien sans souci de la reconnaissance qui lui était légitimement due et qu'il ne croyait point obligatoire.

Fut-il un homme politique ? Nous ne le pensons pas. Sa naissance modeste — qu'il n'avait ni oubliée ni reniée, et dont il pouvait être fier, — ses débuts dans la rude carrière du travail, l'impulsion qu'il avait donnée à l'industrie des lacets, son avénement à la fortune devaient faire de lui plutôt un homme libéral et progressiste. C'est, croyons-nous, ce qu'il était : avant tout, indépendant des systèmes et des préoccupations de partis.

## II

Comme complément à cette notice, il ne sera pas inutile, croyons-nous, d'indiquer la nature des perfectionnements et des améliorations introduites dans le mécanisme des métiers à lacets par MM. Alamagny et Oriol.

La mise en mouvement de ces métiers avait lieu, autrefois, au moyen de longues et encombrantes courroies, qui étaient un danger permanent pour les jeunes et imprudentes ouvrières. Trop souvent, leurs vêtements étaient saisis et leurs membres broyés par l'aveugle force motrice.

Le remède à ces affreux accidents fut une des premières et humaines préoccupations de M. Benoît Oriol père.

Il imagina de placer les appareils de transmission au ras du sol et de les enfermer dans des caisses ou tambours. Cela facilita la circulation autour des métiers et en rendit la surveillance plus efficace. La fabrique n'eut plus à s'affliger de nouveaux malheurs.

Les métiers à lacets, dont toutes les pièces étaient commandées par des engrenages de bois subissant les effets de l'humidité et de la sècheresse, étaient forts imparfaits. La fonte et le fer furent substitués au bois. La rapidité et la précision des mouvements y gagna ; une économie dans la force motrice fut réalisée, c'était une ère de progrès qui s'ouvrait. Le grand volume des métiers put être réduit, et il devint possible d'obtenir, dans le tissu des lacets, des serrages absolument inusités.

Ce dernier résultat fut le produit de deux combinaisons simultanées. Les fuseaux accomplissaient leurs évolutions sur un plan quasi-circulaire. Le devant du métier présentait donc un vide où n'évoluaient pas les fils. Ces fils, à leur point de départ et à leur point d'arrivée, s'accumulaient sur les bords du tissu où ils produisaient des côtes saillantes, rayures et autres imperfections. L'ouverture — le vide — du devant du métier, où ne circulaient pas les fuseaux, fut rétrécie de façon à leur donner un parcours fermé par un très-petit espace. Le dégagement des fils s'opéra infiniment mieux. L'application de l'*aide-battant* (en terme de fabrique, les *cornes*) compléta le perfectionnement de la fabrication de nos produits.

Cet *aide-battant* fut l'objet d'un brevet d'invention, pris le 20 juin 1858. MM. B. Oriol et Alamagny n'en entravèrent pas l'usage chez leurs confrères.

Le 10 août 1860, ces fabricants désintéressés prenaient un brevet d'invention pour un *arrête-défauts* à grappins. Cet appareil suspend la fabrication au moment même où un défaut se produit. Economie de temps et de matières : choses précieuses dans toutes les industries.

Tous les métiers sont, aujourd'hui, construits sur les modèles dont nous venons d'essayer de donner une idée.

Depuis la mort de M. B. Oriol, nul autre progrès ne s'est fait dans la construction des métiers à lacets.

Un dernier modèle — le dernier produit de ses méditations — était en voie d'exécution. Il résumait, en les améliorant, les résultats précédemment obtenus : économie de force motrice, matériel d'une plus longue durée, réparations peu coûteuses, augmentation de la production par l'accélération et la plus grande régularité de la fabrication ; enfin, déchets presque nuls.

Tel était le monument dont notre fabrique locale allait être enrichie par le *père Oriol*, ainsi nommé, en langage naïf et familier, par ceux qui eurent le bonheur de l'approcher et de le connaître.

La veille de sa mort, brisé par la maladie, il était auprès de son cher métier, sa chose de prédilection, couronnement d'une existence laborieuse. Quelques mois, peut-être, eussent suffi à son achèvement.

L'artiste n'a pas eu la joie de voir son œuvre accomplie. Le secret de ses dernières combinaisons a été enseveli avec lui.

Saint-Chamond, 28 mai 1876.

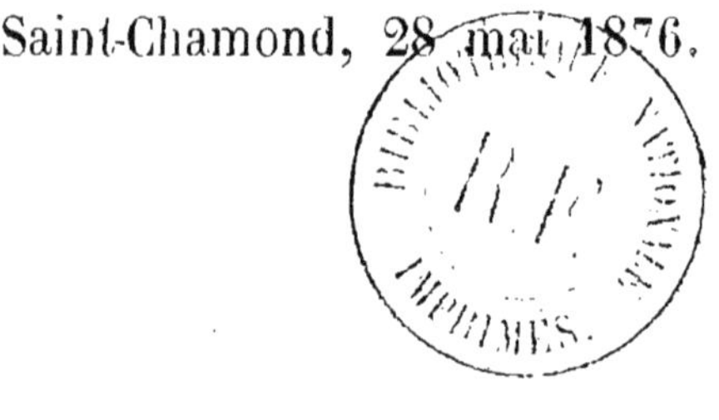

Saint-Etienne, Imp. Théolier frères, rue Gérentet, 12.

www.ingramcontent.com/pod-product-compliance
Ingram Content Group UK Ltd.
Pitfield, Milton Keynes, MK11 3LW, UK
UKHW020407250726
13967UKWH00006B/2517